中华人民共和国海南自由贸易港法
海南自由贸易港知识产权保护条例
海南自由贸易港自驾游进境游艇管理若干规定

中国法治出版社

目　录

中华人民共和国海南自由贸易港法…………………（1）
海南自由贸易港知识产权保护条例 ……………（19）
海南自由贸易港自驾游进境游艇管理若干规定 …（41）

中华人民共和国
海南自由贸易港法

（2021年6月10日第十三届全国人民代表大会常务委员会第二十九次会议通过 2021年6月10日中华人民共和国主席令第85号公布 自公布之日起施行）

目　　录

第一章　总　　则
第二章　贸易自由便利
第三章　投资自由便利
第四章　财政税收制度
第五章　生态环境保护
第六章　产业发展与人才支撑
第七章　综合措施
第八章　附　　则

第一章 总 则

第一条 为了建设高水平的中国特色海南自由贸易港，推动形成更高层次改革开放新格局，建立开放型经济新体制，促进社会主义市场经济平稳健康可持续发展，制定本法。

第二条 国家在海南岛全岛设立海南自由贸易港，分步骤、分阶段建立自由贸易港政策和制度体系，实现贸易、投资、跨境资金流动、人员进出、运输来往自由便利和数据安全有序流动。

海南自由贸易港建设和管理活动适用本法。本法没有规定的，适用其他有关法律法规的规定。

第三条 海南自由贸易港建设，应当体现中国特色，借鉴国际经验，围绕海南战略定位，发挥海南优势，推进改革创新，加强风险防范，贯彻创新、协调、绿色、开放、共享的新发展理念，坚持高质量发展，坚持总体国家安全观，坚持以人民为中心，实现经济繁荣、社会文明、生态宜居、人民幸福。

第四条 海南自由贸易港建设，以贸易投资自由化便利化为重点，以各类生产要素跨境自由有序安全便捷流动和现代产业体系为支撑，以特殊的税收制度安排、高效的社会治理体系和完备的法治体系为保障，持续优化法治化、国际化、便利化的营商环境和公平统一高效的市场环境。

第五条　海南自由贸易港实行最严格的生态环境保护制度，坚持生态优先、绿色发展，创新生态文明体制机制，建设国家生态文明试验区。

第六条　国家建立海南自由贸易港建设领导机制，统筹协调海南自由贸易港建设重大政策和重大事项。国务院发展改革、财政、商务、金融管理、海关、税务等部门按照职责分工，指导推动海南自由贸易港建设相关工作。

国家建立与海南自由贸易港建设相适应的行政管理体制，创新监管模式。

海南省应当切实履行责任，加强组织领导，全力推进海南自由贸易港建设各项工作。

第七条　国家支持海南自由贸易港建设发展，支持海南省依照中央要求和法律规定行使改革自主权。国务院及其有关部门根据海南自由贸易港建设的实际需要，及时依法授权或者委托海南省人民政府及其有关部门行使相关管理职权。

第八条　海南自由贸易港构建系统完备、科学规范、运行有效的海南自由贸易港治理体系，推动政府机构改革和职能转变，规范政府服务标准，加强预防和化解社会矛盾机制建设，提高社会治理智能化水平，完善共建共治共享的社会治理制度。

国家推进海南自由贸易港行政区划改革创新，优化行政区划设置和行政区划结构体系。

第九条 国家支持海南自由贸易港主动适应国际经济贸易规则发展和全球经济治理体系改革新趋势，积极开展国际交流合作。

第十条 海南省人民代表大会及其常务委员会可以根据本法，结合海南自由贸易港建设的具体情况和实际需要，遵循宪法规定和法律、行政法规的基本原则，就贸易、投资及相关管理活动制定法规（以下称海南自由贸易港法规），在海南自由贸易港范围内实施。

海南自由贸易港法规应当报送全国人民代表大会常务委员会和国务院备案；对法律或者行政法规的规定作变通规定的，应当说明变通的情况和理由。

海南自由贸易港法规涉及依法应当由全国人民代表大会及其常务委员会制定法律或者由国务院制定行政法规事项的，应当分别报全国人民代表大会常务委员会或者国务院批准后生效。

第二章　贸易自由便利

第十一条　国家建立健全全岛封关运作的海南自由贸易港海关监管特殊区域制度。在依法有效监管基础上，建立自由进出、安全便利的货物贸易管理制度，优化服务贸易管理措施，实现贸易自由化便利化。

第十二条　海南自由贸易港应当高标准建设口岸基础设施，加强口岸公共卫生安全、国门生物安全、食品安全、商品质量安全管控。

第十三条　在境外与海南自由贸易港之间，货物、物品可以自由进出，海关依法进行监管，列入海南自由贸易港禁止、限制进出口货物、物品清单的除外。

前款规定的清单，由国务院商务主管部门会同国务院有关部门和海南省制定。

第十四条　货物由海南自由贸易港进入境内其他地区（以下简称内地），原则上按进口规定办理相关手续。物品由海南自由贸易港进入内地，按规定进行监管。对海南自由贸易港前往内地的运输工具，简化进口管理。

货物、物品以及运输工具由内地进入海南自由贸易港，按国内流通规定管理。

货物、物品以及运输工具在海南自由贸易港和内地之间进出的具体办法由国务院有关部门会同海南省制定。

第十五条　各类市场主体在海南自由贸易港内依法自由开展货物贸易以及相关活动，海关实施低干预、高效能的监管。

在符合环境保护、安全生产等要求的前提下，海南自由贸易港对进出口货物不设存储期限，货物存放地点可以自由选择。

第十六条　海南自由贸易港实行通关便利化政策，简化货物流转流程和手续。除依法需要检验检疫或者实行许可证件管理的货物外，货物进入海南自由贸易港，海关按照有关规定径予放行，为市场主体提供通关便利服务。

第十七条　海南自由贸易港对跨境服务贸易实行负面清单管理制度，并实施相配套的资金支付和转移制度。对清单之外的跨境服务贸易，按照内外一致的原则管理。

海南自由贸易港跨境服务贸易负面清单由国务院商务主管部门会同国务院有关部门和海南省制定。

第三章　投资自由便利

第十八条　海南自由贸易港实行投资自由化便利化政策，全面推行极简审批投资制度，完善投资促进和投资保护制度，强化产权保护，保障公平竞争，营造公开、透明、可预期的投资环境。

海南自由贸易港全面放开投资准入，涉及国家安全、社会稳定、生态保护红线、重大公共利益等国家实行准入管理的领域除外。

第十九条　海南自由贸易港对外商投资实行准入前国民待遇加负面清单管理制度。特别适用于海南自由贸易港的外商投资准入负面清单由国务院有关部门会同海南省制定，报国务院批准后发布。

第二十条　国家放宽海南自由贸易港市场准入。海南自由贸易港放宽市场准入特别清单（特别措施）由国务院有关部门会同海南省制定。

海南自由贸易港实行以过程监管为重点的投资便利措施，逐步实施市场准入承诺即入制。具体办法由海南省会同国务院有关部门制定。

第二十一条　海南自由贸易港按照便利、高效、透明的原则，简化办事程序，提高办事效率，优化政务服务，建立市场主体设立便利、经营便利、注销便利等制度，优化破产程序。具体办法由海南省人民代表大会及其常务委员会制定。

第二十二条 国家依法保护自然人、法人和非法人组织在海南自由贸易港内的投资、收益和其他合法权益，加强对中小投资者的保护。

第二十三条 国家依法保护海南自由贸易港内自然人、法人和非法人组织的知识产权，促进知识产权创造、运用和管理服务能力提升，建立健全知识产权领域信用分类监管、失信惩戒等机制，对知识产权侵权行为，严格依法追究法律责任。

第二十四条 海南自由贸易港建立统一开放、竞争有序的市场体系，强化竞争政策的基础性地位，落实公平竞争审查制度，加强和改进反垄断和反不正当竞争执法，保护市场公平竞争。

海南自由贸易港的各类市场主体，在准入许可、经营运营、要素获取、标准制定、优惠政策等方面依法享受平等待遇。具体办法由海南省人民代表大会及其常务委员会制定。

第四章　财政税收制度

第二十五条　在海南自由贸易港开发建设阶段，中央财政根据实际，结合税制变化情况，对海南自由贸易港给予适当财政支持。鼓励海南省在国务院批准的限额内发行地方政府债券支持海南自由贸易港项目建设。海南省设立政府引导、市场化方式运作的海南自由贸易港建设投资基金。

第二十六条　海南自由贸易港可以根据发展需要，自主减征、免征、缓征除具有生态补偿性质外的政府性基金。

第二十七条　按照税种结构简单科学、税制要素充分优化、税负水平明显降低、收入归属清晰、财政收支基本均衡的原则，结合国家税制改革方向，建立符合需要的海南自由贸易港税制体系。

全岛封关运作时，将增值税、消费税、车辆购置税、城市维护建设税及教育费附加等税费进行简并，在货物和服务零售环节征收销售税；全岛封关运作后，进一步简化税制。

国务院财政部门会同国务院有关部门和海南省及

时提出简化税制的具体方案。

第二十八条 全岛封关运作、简并税制后，海南自由贸易港对进口征税商品实行目录管理，目录之外的货物进入海南自由贸易港，免征进口关税。进口征税商品目录由国务院财政部门会同国务院有关部门和海南省制定。

全岛封关运作、简并税制前，对部分进口商品，免征进口关税、进口环节增值税和消费税。

对由海南自由贸易港离境的出口应税商品，征收出口关税。

第二十九条 货物由海南自由贸易港进入内地，原则上按照进口征税；但是，对鼓励类产业企业生产的不含进口料件或者含进口料件在海南自由贸易港加工增值达到一定比例的货物，免征关税。具体办法由国务院有关部门会同海南省制定。

货物由内地进入海南自由贸易港，按照国务院有关规定退还已征收的增值税、消费税。

全岛封关运作、简并税制前，对离岛旅客购买免税物品并提货离岛的，按照有关规定免征进口关税、进口环节增值税和消费税。全岛封关运作、简并税制后，物品在海南自由贸易港和内地之间进出的税收管理办法，由国务院有关部门会同海南省制定。

第三十条　对注册在海南自由贸易港符合条件的企业，实行企业所得税优惠；对海南自由贸易港内符合条件的个人，实行个人所得税优惠。

第三十一条　海南自由贸易港建立优化高效统一的税收征管服务体系，提高税收征管服务科学化、信息化、国际化、便民化水平，积极参与国际税收征管合作，提高税收征管服务质量和效率，保护纳税人的合法权益。

第五章　生态环境保护

第三十二条　海南自由贸易港健全生态环境评价和监测制度，制定生态环境准入清单，防止污染，保护生态环境；健全自然资源资产产权制度和有偿使用制度，促进资源节约高效利用。

第三十三条　海南自由贸易港推进国土空间规划体系建设，实行差别化的自然生态空间用途管制，严守生态保护红线，构建以国家公园为主体的自然保护地体系，推进绿色城镇化、美丽乡村建设。

海南自由贸易港严格保护海洋生态环境，建立健全陆海统筹的生态系统保护修复和污染防治区域联动机制。

第三十四条 海南自由贸易港实行严格的进出境环境安全准入管理制度，加强检验检疫能力建设，防范外来物种入侵，禁止境外固体废物输入；提高医疗废物等危险废物处理处置能力，提升突发生态环境事件应急准备与响应能力，加强生态风险防控。

第三十五条 海南自由贸易港推进建立政府主导、企业和社会参与、市场化运作、可持续的生态保护补偿机制，建立生态产品价值实现机制，鼓励利用市场机制推进生态环境保护，实现可持续发展。

第三十六条 海南自由贸易港实行环境保护目标责任制和考核评价制度。县级以上地方人民政府对本级人民政府负有环境监督管理职责的部门及其负责人和下级人民政府及其负责人的年度考核，实行环境保护目标完成情况一票否决制。

环境保护目标未完成的地区，一年内暂停审批该地区新增重点污染物排放总量的建设项目环境影响评价文件；对负有责任的地方人民政府及负有环境监督管理职责的部门的主要责任人，一年内不得提拔使用或者转任重要职务，并依法予以处分。

第三十七条　海南自由贸易港实行生态环境损害责任终身追究制。对违背科学发展要求、造成生态环境严重破坏的地方人民政府及有关部门主要负责人、直接负责的主管人员和其他直接责任人员，应当严格追究责任。

第六章　产业发展与人才支撑

第三十八条　国家支持海南自由贸易港建设开放型生态型服务型产业体系，积极发展旅游业、现代服务业、高新技术产业以及热带特色高效农业等重点产业。

第三十九条　海南自由贸易港推进国际旅游消费中心建设，推动旅游与文化体育、健康医疗、养老养生等深度融合，培育旅游新业态新模式。

第四十条　海南自由贸易港深化现代服务业对内对外开放，打造国际航运枢纽，推动港口、产业、城市融合发展，完善海洋服务基础设施，构建具有国际竞争力的海洋服务体系。

境外高水平大学、职业院校可以在海南自由贸易港设立理工农医类学校。

第四十一条　国家支持海南自由贸易港建设重大

科研基础设施和条件平台，建立符合科研规律的科技创新管理制度和国际科技合作机制。

第四十二条　海南自由贸易港依法建立安全有序自由便利的数据流动管理制度，依法保护个人、组织与数据有关的权益，有序扩大通信资源和业务开放，扩大数据领域开放，促进以数据为关键要素的数字经济发展。

国家支持海南自由贸易港探索实施区域性国际数据跨境流动制度安排。

第四十三条　海南自由贸易港实施高度自由便利开放的运输政策，建立更加开放的航运制度和船舶管理制度，建设"中国洋浦港"船籍港，实行特殊的船舶登记制度；放宽空域管制和航路限制，优化航权资源配置，提升运输便利化和服务保障水平。

第四十四条　海南自由贸易港深化人才发展体制机制改革，创新人才培养支持机制，建立科学合理的人才引进、认定、使用和待遇保障机制。

第四十五条　海南自由贸易港建立高效便利的出境入境管理制度，逐步实施更大范围适用免签入境政策，延长免签停留时间，优化出境入境检查管理，提供出境入境通关便利。

第四十六条　海南自由贸易港实行更加开放的人

才和停居留政策，实行更加宽松的人员临时出境入境政策、便利的工作签证政策，对外国人工作许可实行负面清单管理，进一步完善居留制度。

第四十七条　海南自由贸易港放宽境外人员参加职业资格考试的限制，对符合条件的境外专业资格认定，实行单向认可清单制度。

第七章　综合措施

第四十八条　国务院可以根据海南自由贸易港建设的需要，授权海南省人民政府审批由国务院审批的农用地转为建设用地和土地征收事项；授权海南省人民政府在不突破海南省国土空间规划明确的生态保护红线、永久基本农田面积、耕地和林地保有量、建设用地总规模等重要指标并确保质量不降低的前提下，按照国家规定的条件，对全省耕地、永久基本农田、林地、建设用地布局调整进行审批。

海南自由贸易港积极推进城乡及垦区一体化协调发展和小城镇建设用地新模式，推进农垦土地资产化。

依法保障海南自由贸易港国家重大项目用海需求。

第四十九条　海南自由贸易港建设应当切实保护

耕地，加强土地管理，建立集约节约用地制度、评价标准以及存量建设用地盘活处置制度。充分利用闲置土地，以出让方式取得土地使用权进行开发的土地，超过出让合同约定的竣工日期一年未竣工的，应当在竣工前每年征收出让土地现值一定比例的土地闲置费。具体办法由海南省制定。

第五十条 海南自由贸易港坚持金融服务实体经济，推进金融改革创新，率先落实金融业开放政策。

第五十一条 海南自由贸易港建立适应高水平贸易投资自由化便利化需要的跨境资金流动管理制度，分阶段开放资本项目，逐步推进非金融企业外债项下完全可兑换，推动跨境贸易结算便利化，有序推进海南自由贸易港与境外资金自由便利流动。

第五十二条 海南自由贸易港内经批准的金融机构可以通过指定账户或者在特定区域经营离岸金融业务。

第五十三条 海南自由贸易港加强社会信用体系建设和应用，构建守信激励和失信惩戒机制。

第五十四条 国家支持探索与海南自由贸易港相适应的司法体制改革。海南自由贸易港建立多元化商事纠纷解决机制，完善国际商事纠纷案件集中审判机制，支持通过仲裁、调解等多种非诉讼方式解决纠纷。

第五十五条 海南自由贸易港建立风险预警和防控体系，防范和化解重大风险。

海关负责口岸和其他海关监管区的常规监管，依法查缉走私和实施后续监管。海警机构负责查处海上走私违法行为。海南省人民政府负责全省反走私综合治理工作，加强对非设关地的管控，建立与其他地区的反走私联防联控机制。境外与海南自由贸易港之间、海南自由贸易港与内地之间，人员、货物、物品、运输工具等均需从口岸进出。

在海南自由贸易港依法实施外商投资安全审查制度，对影响或者可能影响国家安全的外商投资进行安全审查。

海南自由贸易港建立健全金融风险防控制度，实施网络安全等级保护制度，建立人员流动风险防控制度，建立传染病和突发公共卫生事件监测预警机制与防控救治机制，保障金融、网络与数据、人员流动和公共卫生等领域的秩序和安全。

第八章　附　　则

第五十六条 对本法规定的事项，在本法施行后，海南自由贸易港全岛封关运作前,国务院及其有关部门和海南省可以根据本法规定的原则,按照职责分工,制定过渡性的具体办法,推动海南自由贸易港建设。

第五十七条 本法自公布之日起施行。

海南自由贸易港知识产权保护条例

（2021年12月1日海南省第六届人民代表大会常务委员会第三十一次会议通过 2021年12月1日海南省人民代表大会常务委员会公告第102号公布 自2022年1月1日起施行）

第一章 总 则

第一条 为了加强知识产权保护，激发创新活力，优化营商环境，打造国际一流的知识产权保护高地，根据《中华人民共和国海南自由贸易港法》的规定，遵循有关法律、行政法规的基本原则，结合海南自由贸易港实际，制定本条例。

第二条 本条例所称知识产权，是指权利人依法就下列客体享有的专有的权利：

（一）作品；

（二）发明、实用新型、外观设计；

（三）商标；

（四）地理标志；

（五）商业秘密；

（六）集成电路布图设计；

（七）植物新品种；

（八）法律规定的其他客体。

第三条 海南自由贸易港开展知识产权保护工作应当遵循全面保护、严格保护、平等保护、依法保护、快速保护、协同保护的原则，对标国际先进标准，创新体制机制，建立制度完备、运转高效的知识产权保护体系。

第四条 县级以上人民政府应当加强知识产权保护工作的组织领导，将知识产权保护工作纳入国民经济和社会发展规划，建立健全知识产权保护考核评价制度。

县级以上人民政府应当建立健全知识产权工作协调机制，研究制定知识产权重大政策，协调解决知识产权工作中的重大问题。

第五条 县级以上人民政府知识产权行政主管部门（以下简称知识产权主管部门）负责组织实施与统筹协调本区域知识产权保护工作。

作品、发明、实用新型、外观设计、商标、地理标志、商业秘密、集成电路布图设计、植物新品种等知识产权具体管理部门（以下简称知识产权具体管理部门），依法履行各自职责范围内的知识产权保护工作。

发展和改革、工业和信息化、商务、科学技术、财政、公安、司法行政、金融管理、海关等部门，按照各自职责配合做好知识产权保护相关工作。

第六条 县级以上人民政府及有关部门应当加强知识产权法律、法规和知识产权知识宣传教育普及工作，促进全社会尊重和保护知识产权意识的提升。

鼓励新闻媒体和社会公众开展知识产权保护公益宣传，对知识产权违法行为进行舆论监督。

第七条 县级以上人民政府应当综合运用财政、税收、金融、产业、科技、文化、贸易、人才等政策，激励知识产权创造，完善企业为主体、市场为导向的高质量创造机制。

第八条 支持海南自由贸易港三亚崖州湾科技城建立与国际通行规则相衔接的知识产权制度体系，促进南繁育种和深海科技等领域国际合作，建设具有海南特色、国际认同度较高、知识产权营商环境一流的海南自由贸易港知识产权保护与运用先行区。

第二章 行政保护

第九条 知识产权具体管理部门应当利用互联网、大数据、区块链、云计算和人工智能等现代信息技术,建立知识产权纠纷网上处理机制,运用源头追溯、实时监测、在线识别、网络存证、统计分析、跟踪预警等技术手段,严厉打击知识产权侵权行为。

第十条 鼓励自然人、法人和非法人组织进行作品自愿登记。

版权部门应当加强互联网著作权保护,依法查处网络侵权盗版行为。

第十一条 省知识产权主管部门应当按照国家有关规定,为新一代信息技术、石油化工新材料、现代生物医药、南繁育种、深海科技、航天科技等重点发展产业和战略性新兴产业提供专利优先审查通道。

省知识产权主管部门推动在优势产业集聚区建立知识产权保护中心,开展快速审查、快速确权、快速维权服务,降低知识产权权利人及相关权利人的维权成本。

第十二条 知识产权主管部门应当强化知识产权

质量导向，引导自然人、法人和非法人组织依法进行商标注册申请、专利申请，依法查处不以使用为目的的恶意申请商标注册和不以保护创新为目的的非正常专利申请行为。

知识产权代理机构知道或者应当知道委托人存在前款规定的恶意申请商标注册和非正常专利申请行为的，不得接受其委托。

第十三条 在查处侵犯商业秘密行政案件中，商业秘密权利人提供初步证据，证明其已经对所主张的商业秘密采取保密措施，且合理表明商业秘密被侵犯的，知识产权具体管理部门可以要求涉嫌侵权人证明权利人所主张的不属于商业秘密或者其不存在侵犯商业秘密的行为。

第十四条 知识产权具体管理部门应当扩大植物新品种权保护范围和保护环节，加强对实质性派生品种的保护，激励育种创新，提升植物新品种保护水平。

第十五条 知识产权具体管理部门应当会同有关部门为中医药、老字号、非物质文化遗产、传统知识、民间文艺和少数民族文化等知识产权的创造和保护提供指导、咨询等服务，引导知识产权相关权利人利用著作权登记、专利申请、商标注册、商业秘密保护等方式和保护规则,维护知识产权权利人合法权益。

第十六条 知识产权具体管理部门应当会同有关部门建立健全新技术、新产业、新业态、新模式知识产权保护规则,提供必要的培训与指导,加强创新成果的知识产权保护。

第十七条 海南自由贸易港依法保护数据收集、存储、加工、使用等活动中形成的知识产权。知识产权具体管理部门建立健全与数据相关的知识产权交易规范,指导市场主体做好数字产品的制造、销售等全产业链知识产权合规经营和侵权风险防范。

第十八条 知识产权具体管理部门、商务部门应当会同贸易促进机构和相关行业组织等,建立健全知识产权涉外风险防控体系和跨境维权援助机制,加大对市场主体境外知识产权维权援助的指导,为市场主体开展贸易、投资等活动及时提供预警和应对服务。

第十九条 省知识产权主管部门应当会同有关部门建立技术调查官制度,配备技术调查官,为专利、植物新品种、集成电路布图设计、技术秘密、计算机软件等行政裁决、行政执法、调解、仲裁、诉讼和维权援助提供专业技术支持。技术调查官受指派或委托参与知识产权案件办理活动,就案件所涉技术问题提出的技术调查意见,作为认定技术事实的参考。

第二十条 海关依照法律、行政法规的规定,加强边境执法与境内执法衔接,在境外与海南自由贸易港进出境环节、全岛封关运作后由海南自由贸易港进入内地环节及其他海关负责监管区域,对与货物有关的专利权、商标专用权、著作权和与著作权有关的权利等知识产权实施保护。

第三章　司　法　保　护

第二十一条 知识产权具体管理部门与公安机关、人民检察院、人民法院应当加强知识产权行政执法与刑事司法衔接,建立健全行政机关和司法机关信息共享、案件移送、协调配合、监督制约、责任追究等工作机制,保障涉嫌知识产权犯罪案件依法及时进入司法程序。

人民法院、人民检察院、公安机关应当依法履行知识产权保护职责,加大知识产权犯罪行为打击力度,重点打击链条式、产业化知识产权犯罪。

人民法院、人民检察院、公安机关应当依照有关规定统一知识产权刑事案件的立案、追诉和裁判标准,并向社会公开。

人民法院、人民检察院加强对知识产权纠纷特点和趋势分析,通过发布典型案例、编撰类案办案指南、提出司法建议、检察建议等方式,为市场主体、行政部门、行业协会、科研机构等提供指引。

第二十二条 公安机关应当依法办理知识产权犯罪案件,支持知识产权具体管理部门开展相关行政执法工作,可以根据需要按照有关规定提前介入涉嫌重大犯罪的知识产权行政案件。

第二十三条 人民检察院应当加强知识产权民事、行政、刑事案件法律监督,依法开展知识产权公益诉讼工作。

第二十四条 人民法院应当推进知识产权民事、行政、刑事案件审判"三合一"改革,构建技术调查官、专家陪审员、专家辅助人、技术咨询和鉴定等知识产权多元化技术事实查明机制,健全知识产权纠纷特邀调解制度。

人民法院应当推进知识产权案件诉讼程序繁简分流,强化举证责任分配,鼓励当事人充分利用区块链、电子数据平台等第三方保全证据方式收集、固定证据,提高知识产权案件审判质量和效率。

人民法院应当加大知识产权民事、行政、刑事案件的执行力度，探索知识产权财产性权益的新型执行方法。

第二十五条　人民法院应当完善知识产权侵权损害赔偿制度，综合考虑知识产权市场价值、侵权人主观过错以及侵权行为的持续时间、影响范围、后果严重程度等因素，合理确定赔偿数额；正确适用知识产权惩罚性赔偿制度，加大对重复侵权、故意侵权和规模侵权的惩罚性赔偿，依法惩处严重侵害知识产权行为。

第二十六条　人民法院依法公正审理涉外知识产权案件，平等保护中外权利人合法权益，妥善处理与国际贸易有关的重大知识产权纠纷，依法妥善处理国际平行诉讼，确保案件裁判符合相关国际公约和国际惯例，促进国际贸易合作。

人民法院应当推进国际司法协助和交流合作，简化跨境文书送达、调查取证等程序，探索在互惠基础上相互承认与执行外国法院民商事判决的途径和方式。

第二十七条　海南自由贸易港知识产权法院应当建立与海南自由贸易港知识产权保护相适应的案件管辖制度和协调机制，加强对植物新品种、关键核心技术、重点领域、新兴产业等知识产权司法保护。

第二十八条　省知识产权主管部门应当会同人民

法院、仲裁机构,加强知识产权确权与知识产权侵权纠纷处理程序的协调,建立健全知识产权无效宣告程序与知识产权侵权纠纷行政裁决、民事侵权诉讼、仲裁程序的衔接机制。

第四章 社会共治

第二十九条 就不相同或者不相类似商品或服务使用的未注册商标是复制、摹仿或者翻译他人未在国内注册的驰名商标,误导公众,致使该驰名商标持有人的利益可能受到损害的,在海南自由贸易港内禁止使用。

第三十条 使用注册商标的商品,经商标注册人或者其许可使用注册商标的单位、个人售出后,除该商品使用有关注册商标会对该注册商标的显著特征或者声誉造成损害的以外,任何单位或者个人可以在海南自由贸易港内进口、销售、使用该商品。

允许境外注册商标商品在海南自由贸易港内加工并直接出口,但因此容易导致商品来源混淆或者误导公众的除外。

第三十一条 禁止下列侵犯地理标志的行为:

(一)通过使用地理标志或者产品描述,使公众误认为产品来自获得保护的地理标志产地范围的；

（二）在产地范围之外的相同或者类似产品上使用获得保护的地理标志或其意译、音译、字译，或者同时使用"类""型""式""仿"等表述的；

（三）未经批准擅自在产品上使用地理标志专用标志的；

（四）在产品上使用与地理标志专用标志相似的标志，使公众误以为是地理标志专用标志的；

（五）销售本条第（一）项至第（四）项侵犯地理标志的产品的；

（六）法律、法规规定的其他行为。

第三十二条 海南自由贸易港举办展览、交易等展会活动，展会举办单位应当要求参展方提交未侵犯他人知识产权的合规性书面承诺或者知识产权相关证明文件。未按照要求提交的，展会举办单位不得允许其参加展会相关活动。

展会举办单位可以根据展会规模、期限等情况，自行或者与仲裁机构、行业组织、知识产权服务机构等设立展会知识产权纠纷处理机构。

参展项目被权利人递交书面材料投诉侵权的，展会举办单位应当立即要求参展方在限定时间内提供未侵权证明。参展方未提供的，展会举办单位应当责令参展方撤出该参展项目；不能撤出项目的，应当采取遮盖等方式处理。

知识产权具体管理部门认定参展方侵权行为成立的，应当通知展会举办单位责令参展方立即停止侵权行为，依法予以处理。

第三十三条　电子商务平台经营者应当建立知识产权保护内部管理制度和侵权投诉快速处理机制，配合知识产权具体管理部门处理知识产权纠纷和查处违法行为，及时采取删除、屏蔽、断开链接、终止交易和服务等必要措施，制止平台内经营者的侵权行为或者违法行为，维护知识产权权利人合法权益。

第三十四条　自然人、法人和非法人组织参加政府投资项目、政府采购和招标投标等活动，应当向有关主管部门提交不存在侵犯他人知识产权的书面承诺，并明确违背承诺的责任。

鼓励自然人、法人和非法人组织在书面合同中约定知识产权合规性承诺的内容以及相应的违约责任。

第三十五条　知识产权具体管理部门对知识产权纠纷作出行政裁决前，可以根据当事人自愿的原则，先行调解。

支持人民调解、商事调解或者其他具有调解职能的组织依法调解知识产权侵权纠纷。

知识产权侵权纠纷经调解组织调解达成协议的，双方当事人可以向有管辖权的人民法院申请司法确认。

第三十六条 鼓励当事人运用仲裁方式解决知识产权纠纷。对可能进入中国市场的过境货物涉嫌侵犯知识产权的，争议相关当事人可以约定临时仲裁。

海南自由贸易港仲裁机构应当加强知识产权纠纷仲裁专业化建设，广泛吸纳知识产权专业人才参与仲裁工作。

支持境外知名仲裁机构及争议解决机构在海南自由贸易港依法开展知识产权纠纷仲裁业务。支持海南自由贸易港仲裁机构与境外知名仲裁机构及争议解决机构开展知识产权纠纷仲裁业务合作。

第三十七条 鼓励和支持公证机构创新公证证明和公证服务方式，依托电子签名、数据加密、区块链等技术，提供知识产权创新创造、运用流转、融资增信、证据保全、权利救济等公证服务。

在海南自由贸易港设立的可以办理涉外公证业务的公证机构，在海南自由贸易港范围内办理知识产权涉外公证业务，不受执业区域限制。

鼓励公证机构开展异地协作，为跨区域知识产权保护提供公证服务。

第三十八条 鼓励知识产权相关服务机构和人员，运用专业知识或者大数据分析技术，对知识产权纠纷事实认定、法律依据、处理结果和损害赔偿额计算等进行中立预判或者评估，为当事人快速解决纠纷提供指引和参考。

第三十九条 知识产权相关行业组织应当加强自律，建立健全知识产权行业服务标准和维权保护机制，配合知识产权具体管理部门开展行政执法工作，协助处理和调解知识产权纠纷，维护会员合法权益。

第五章 运用与服务

第四十条 省知识产权主管部门应当建立知识产权综合服务平台，加强知识产权信息化、智能化建设。

知识产权具体管理部门应当依托知识产权综合服务平台，健全知识产权服务体系，为市场主体和社会公众提供知识产权政策指导、检索查询、维权援助等公共服务。

第四十一条 省知识产权主管部门应当建立专利导航制度。发展和改革、科学技术、工业和信息化、商务等相关部门应当对区域发展规划、重大产业规划、政府投资的重大经济科技项目组织开展专利导航，防范知识产权风险。

鼓励市场主体运用专利导航，提高创新发展决策的精准度和科学性。

第四十二条 单位可以依法处置其职务创新成果的知识产权，促进相关成果的实施和运用。被授予知识产权的单位可以采取股权、期权、分红等产权激励方式，使创新成果完成人合理分享创新收益。

规范和完善高等院校、科研机构等单位的知识产权项目管理制度，建立健全知识产权转移转化机制，鼓励建立专业化知识产权转移转化机构，促进知识产权成果实施和运用。

第四十三条 鼓励和支持高等院校、科研机构、知识产权服务机构、行业组织和企业事业单位等建立知识产权联盟，开展知识产权研究、交流合作、联合维权和协作运用，实施知识产权资源共享，推进知识产权与产业发展深度融合。

第四十四条 支持金融机构创新知识产权质押融资、融资租赁、信托等金融服务模式，完善知识产权融资风险控制和质押财产处置机制，构建知识产权多元化融资模式。

鼓励和支持保险机构开展知识产权境外侵权责任险、专利执行险、专利被侵权损失险等保险业务。

外汇管理部门应当会同知识产权具体管理部门推行跨境知识产权贸易、投融资业务的外汇自由化、便利化政策。

第四十五条 在海南自由贸易港内转让、许可使用知识产权，从事技术开发及相关技术咨询、技术服务等取得的收入，依法享受税收优惠。

第四十六条 推动建设海南国际知识产权交易所，在知识产权转让、运用和税收政策等方面开展制度创新，规范探索知识产权证券化，完善知识产权信用担保机制。

第四十七条 支持知识产权服务业集聚发展，引进知识产权高端服务机构。支持有条件的海南自由贸易港重点园区根据需要建设综合性知识产权运营服务平台，培育国际化、市场化、专业化的知识产权服务机构。

鼓励知识产权评估服务机构开发针对不同应用场景的知识产权评估工具，围绕创新主体、市场主体的转让许可、投资融资等需求，提供规范、便捷的知识产权评估服务。

第四十八条 海南自由贸易港应当拓宽知识产权对外合作交流渠道，加强与世界知识产权组织、国际植物新品种保护联盟等国际组织的合作交流，推动"一带一路"知识产权经济协作发展，构建与国际接轨的知识产权保护体系。

鼓励和支持社会组织依法开展知识产权保护国际交流合作。

第六章 监督管理

第四十九条 县级以上人民政府应当根据法律、法规规定并结合相关部门职责范围，建立由知识产权具体管理部门牵头，旅游和文化、公安、海关、综合执法等相关部门参与的联合执法机制，健全跨部门、跨区域知识产权行政执法联动响应与协作制度，实现违法线索互联、监管标准互通、处理结果互认。

第五十条 权利人或者利害关系人投诉知识产权侵权行为，知识产权具体管理部门对有证据证明存在侵权事实，如不及时制止将使权利人或者利害关系人合法权益受到难以弥补的损害的，经权利人或者利害关系人申请，可以先行发布禁令，责令涉嫌侵权人立即停止涉嫌侵权行为，并依法处理。

发布禁令前，可以要求权利人或者利害关系人提供适当担保。经调查，侵权行为不成立的，应当及时解除禁令。权利人或者利害关系人申请有错误的，应当赔偿被申请人因停止有关行为所遭受的损失。

涉嫌侵权人对禁令不服的，可以依法申请行政复议或者提请行政诉讼。

第五十一条　知识产权具体管理部门或者人民法院作出知识产权侵权行为成立的决定或者判决生效后，同一侵权行为人就同一知识产权再次实施相同类型侵权行为，经权利人或者利害关系人请求，知识产权具体管理部门调查属实的，可以直接责令侵权人立即停止侵权行为，并依法处理。

第五十二条　知识产权具体管理部门应当归集自然人、法人和非法人组织的知识产权失信行为信息，依法纳入信用档案，根据信用风险分类结果实施差异化监管措施。

自然人、法人和非法人组织有下列失信行为之一的，应当将其列入严重失信主体名单：

（一）故意侵犯他人知识产权，构成犯罪的；

（二）故意侵犯他人知识产权或者提交非正常专利

申请、恶意商标注册申请损害公共利益，性质恶劣、情节严重、社会危害较大，受到主管部门较重行政处罚的；

（三）在人民法院或者行政机关作出知识产权侵权行为成立的判决或者决定后，有履行能力但拒不履行、逃避执行的；

（四）法律、法规和国家规定应当列入知识产权严重失信主体名单的其他行为。

第五十三条 对列入知识产权严重失信主体名单的失信主体，应当实施下列惩戒措施：

（一）禁止或者限制其承接政府投资项目、参加政府招标投标；

（二）禁止或者限制其享受有关费用减免、政府资金扶持等优惠政策；

（三）取消其进入知识产权专利优先审查、快速授权、快速维权通道资格；

（四）取消其参加政府知识产权表彰评比资格；

（五）法律、法规和国家规定的其他惩戒措施。

第七章 法律责任

第五十四条 侵权人因侵犯知识产权受到罚款处

罚后，自行政处罚决定书生效之日起五年内再次实施同类违法行为的，知识产权具体管理部门可以按照有关法律、法规规定的相应罚款数额予以双倍处罚。

第五十五条　申请人恶意申请商标注册的，由申请人所在地或者违法行为发生地县级以上知识产权具体管理部门给予警告，有违法所得的，可以处违法所得五倍最高不超过五万元的罚款；没有违法所得的，可以处三万元以下的罚款。

第五十六条　对侵犯商业秘密的行为，除依据《中华人民共和国反不正当竞争法》的规定处理外，知识产权具体管理部门应当责令侵权人返还或者销毁载有商业秘密的图纸、软件或者其他有关载体，不得继续披露、使用或者允许他人使用商业秘密。

对侵权人利用权利人的商业秘密生产的产品，尚未销售的，知识产权具体管理部门应当监督侵权人销毁，但是权利人同意收购或者同意侵权人继续销售的除外。

第五十七条　违反本条例第三十一条规定，由违法行为发生地县级以上知识产权具体管理部门责令立即停止侵权行为，没收、销毁侵权产品和伪造地理标志专用标志的工具，违法经营额五万元以上的，可以处违法经营额五倍以下的罚款；没有违法经营额或者违法经营额不足五万元的，可以处二十五万元以下的罚款。

销售不知道是侵犯地理标志的产品，能证明该产品是自己合法取得并说明提供者的，由知识产权具体管理部门责令停止销售。

第五十八条　展会举办单位违反本条例第三十二条第一款、第三款规定，不履行管理义务的，由违法行为发生地县级以上知识产权主管部门责令改正，可以处三万元以上十万元以下的罚款。

第五十九条　涉嫌侵权人违反本条例第五十条第一款规定，拒不执行禁令停止涉嫌侵权行为，经认定构成侵权的，由发布禁令的知识产权具体管理部门按照有关法律、法规规定的相应罚款数额予以双倍处罚。

第六十条　除法律、法规另有规定外，知识产权侵权行为违法经营额按照下列方法计算：

（一）侵权产品已经销售的，按照实际销售价格计算；

（二）侵权产品尚未销售的，按照已经销售的同类产品的实际销售价格或者标示价格从高计算；

（三）没有实际销售价格或者标示价格的，或者标示价格明显与产品价值不符的，按照与侵权产品相同或者相似的同类产品的市场中间价格计算；

（四）侵权产品只在境外销售的，按照离岸价格计算。无法查明离岸价格的，可以参考同类合格产品的国际市场中间价格或者国内市场中间价格计算；

（五）多次实施侵权行为且未经行政处理的，其违法经营额应当累计计算；

（六）违法经营额应当扣除已经依法缴纳的税费，但不扣除实施该侵权行为过程中实际支出的合法成本；

（七）法律、法规规定的其他能够合理计算侵权产品价格的方法。

第六十一条 违反本条例规定，本条例未设定处罚而法律、法规另有处罚规定的，从其规定。

违反本条例规定的行为，依法决定由市、县、自治县综合行政执法机构实施处罚的，从其规定。

省负责专利执法的部门可以根据需要，委托具有专利执法条件的市、县、自治县综合行政执法机构实施专利行政处罚。

第八章 附 则

第六十二条 本条例自2022年1月1日起施行。

海南自由贸易港自驾游进境游艇管理若干规定

（2024年12月28日海南省第七届人民代表大会常务委员会第十五次会议通过　2025年1月27日国务院批准　2025年1月27日海南省人民代表大会常务委员会公告第65号公布　自2025年1月27日起施行）

第一条　为了规范对海南自由贸易港自驾游进境游艇的监督管理，促进游艇产业健康发展，根据《中华人民共和国海南自由贸易港法》，遵循《中华人民共和国海关法》、《中华人民共和国海关事务担保条例》等法律、行政法规的基本原则，结合海南自由贸易港实际，制定本规定。

第二条　经核准从海南自由贸易港进境的自驾游游艇，免予为游艇向海关提供担保。

第三条　海关、边检、海事、海警机构、公安、交通运输等部门和单位在各自职责范围内，依法对自驾游进境游艇实施监督管理。

第四条　自驾游进境游艇在抵达、离开口岸前，应当按照有关规定，向海关、边检、海事等口岸查验机构报告抵达、离开口岸的时间和停留地点，如实申报游艇、乘员、载运物品信息以及航行计划线路等，办理进出境手续，接受口岸查验机构检查和检疫。

自驾游进境游艇办理出境手续后应当直接出境，除口岸查验机构核准的特殊情况外，不得再停靠其他码头或者泊位。

第五条　自驾游进境游艇应当在规定的港口、游艇码头、停泊点、海上游览景点停靠，开展游览观光活动；但是，由于不可抗力等原因，无法在规定区域停靠的，应当立即报告口岸查验机构，经口岸查验机构同意后，可以在指定区域停靠。

自驾游进境游艇在航行中需要临时停靠的，应当在海事管理机构公布的码头和停靠点停靠，并向就近的口岸查验机构报告。

第六条　自驾游进境游艇在规定水域航行、停泊期间，不得擅自拆封、使用口岸查验机构封存在游艇上的物品；未按规定申报的，不得添加、起卸、调拨游艇上燃料及备件等物料。口岸查验机构依法巡查、登艇检查时，应当予以配合。

第七条　省人民政府应当统筹建立完善相关监管服务信息平台，加强自驾游进境游艇数据共享和交换，提高对自驾游进境游艇全程管理和服务水平。

第八条　自驾游进境游艇应当在规定期限内复出境；在规定期限内未复出境的，由海关、边检、海事等单位按照各自职责依法处置。省人民政府交通运输、公安等部门建立协作机制，协同做好自驾游进境游艇违法滞留相关处置工作。

第九条　海关对海南自由贸易港进出境游艇的管理及其所载物品另有规定的，从其规定。

第十条　违反本规定的行为，依照有关法律、法规的规定处罚。

第十一条　本规定自2025年1月27日起施行。

中华人民共和国海南自由贸易港法
海南自由贸易港知识产权保护条例
海南自由贸易港自驾游进境游艇管理若干规定
ZHONGHUA RENMIN GONGHEGUO HAINAN ZIYOU MAOYIGANGFA
HAINAN ZIYOU MAOYIGANG ZHISHI CHANQUAN BAOHU TIAOLI
HAINAN ZIYOU MAOYIGANG ZIJIAYOU JINJING YOUTING GUANLI RUOGAN GUIDING

经销/新华书店
印刷/保定市中画美凯印刷有限公司
开本/850毫米×1168毫米 32开 印张/1.5 字数/23千
版次/2025年6月第1版 2025年6月第1次印刷

中国法治出版社出版
书号 ISBN 978-7-5216-5436-3 定价：8.00元

北京市西城区西便门西里甲16号西便门办公区
邮政编码：100053 传真：010-63141600
网址：http://www.zgfzs.com 编辑部电话：010-63141673
市场营销部电话：010-63141612 印务部电话：010-63141606

（如有印装质量问题，请与本社印务部联系。）